CATALOGUE
D'OBJETS D'ART

Bronzes, Marbres, Émaux, Armes, Fayences,
Porcelaines, Verreries, Objets de montre, Dentelles anciennes

ET

TABLEAUX

DONT LA VENTE AURA LIEU

HOTEL DES COMMISSAIRES PRISEURS
RUE DROUOT, N° 5,

SALLE N° 2.

Les Lundi 19 et Mardi 20 Janvier 1857.

Par le ministère de M° **CHARLES PILLET**, Com{re}-Priseur,
successeur de M. **BONNEFONS DE LAVIALLE**,
rue de Choiseul, 11,
Assisté de M. **FEBVRE**, Expert, rue de Choiseul, 13,
Chez lesquels se distribue le présent Catalogue.

EXPOSITION PUBLIQUE
Le Dimanche 18 Janvier 1857, de midi à quatre heures.

PARIS
MAULDE ET RENOU
IMPRIMEURS DE LA COMPAGNIE DES COMMISSAIRES-PRISEURS.
rue de Rivoli, 144.

1857

M. Charles de Bandeust
27 R. de l'Université

CATALOGUE
D'OBJETS D'ART

Bronzes, Marbres, Émaux, Armes, Fayences,
Porcelaines, Verreries, Objets de montre, Dentelles anciennes

ET

TABLEAUX

DONT LA VENTE AURA LIEU

HOTEL DES COMMISSAIRES PRISEURS
RUE DROUOT, N° 5,

SALLE N° 2,

Les Lundi 19 et Mardi 20 Janvier 1857.

Par le ministère de M° **CHARLES PILLET**, Com^re-Priseur,
successeur de M. **BONNEFONS DE LAVIALLE**,
rue de Choiseul, 11,
Assisté de M. **FEBVRE**, Expert, rue de Choiseul, 13,
Chez lesquels se distribue le présent Catalogue.

EXPOSITION PUBLIQUE
Le Dimanche 18 Janvier 1857, de midi à quatre heures.

PARIS
MAULDE ET RENOU
IMPRIMEURS DE LA COMPAGNIE DES COMMISSAIRES-PRISEURS,
rue de Rivoli, 144.

1857

ORDRE DE LA VENTE

Le Lundi 19, les Curiosités et Objets d'Art.
Le Mardi 20, les Tableaux.

CONDITIONS DE LA VENTE

Elle sera faite au comptant.

Cinq pour cent en sus des adjudications, applicables aux frais.

DÉSIGNATION

DES OBJETS

BRONZES D'ART

1 — Une statue, bronze antique trouvé dans l'Archipel grec et représentant une Vénus diadémée, tenant dans sa main un petit amour.
2 — Un buste de Bacchus, bronze d'après l'antique, monté sur colonne en marbre.
3 — Buste de faune en bronze antique.
4 — Un bronze, le taureau de Farnèse.
5 — Une figurine, bronze argenté d'après Clodion.
6 — Une figurine en bronze par Pradier. Atalante.
7 — Un buste de Mlle Rachel, bronze par Clésinger.
8 — Un bélier, bronze par Rosa Bonheur.
9 — Groupe de canards, bronze par Caïn.
10 — Une poule, par le même.
11 — Deux levrettes, bronze par Mène.
12 — Deux statuettes en bronze, page et châtelaine.
13 — Deux statuettes en bronze moderne: Jeanne d'Arc et Dunois sur consoles en bronze doré.

14 — Deux buires en bronze doré, style Renaissance.
15 — Une cassolette, bronze chinois, Chimère, monté sur soble à four en bois de fer.

OBJETS DIVERS

16 — Un coffret orné de cinq émaux de Limoges, grisailles par Laudin père, représentant divers sujets sacrés et profanes.
17 — Une coupe filigranée en verre de Venise.
18 — Un baptistère en cuivre repoussé avec sujet de la Visitation, les bords fleurdelisés.
19 — Une ancienne miniature allemande : nourrice tenant un enfant.
20 — Une autre, le portrait de Pierre le Grand.
21 — Un fixé, fête villageoise, par Debucourt.
22 — Une gouache, sujet mythologique.
23 — Une autre, paysage et animaux.
24 — Un buste en marbre blanc, la fille de lord Byron.
25 — Un médaillon en marbre blanc, groupe de fruits par Couchery.
26 — Deux bas-reliefs en albâtre dans leurs bordures sculptées et dorées; sujets de la Cène et de Joseph vendu par ses frères.
27 — Deux socles en marbre.
28 — Deux consoles en pierre, têtes de faunes.
29 — Un bas-relief à jour en ivoire sculpté, sujet de l'Assomption.

30 — Un médaillon en ivoire, fleurs détachées à jour.
31 — Un bas-relief en argent repoussé, exécuté par Kirstein, représentant Napoléon Ier suivi de son état-major.
32 — Une mosaïque de Rome, le Colysée.
33 — Deux bouteilles en porcelaine de Chine avec socles en bois de fer.
34 — Une boîte en ivoire incrustée, travail indien.
35 — Un flacon gravé en verre de Bohême.
36 — Un émail à deux faces, avec sujet genre Watteau.
37 — Une petite boîte en émail ayant intérieurement une miniature genre de Watteau.
38 — Une boîte en lapis avec bouquet de fleurs en mosaïque sur le couvercle.
39 — Un coffret en ancienne marqueterie de Boule.
40 — Un bout de lance orientale en fer damasquiné argent.
41 — Un bronze ancien, la Fortune.
42 — Un encensoir du XIIIe siècle.
43 — Un vidrecome en étain de Briot.
44 — Un petit lustre flamand.
45 — Un jonc à pomme d'or ciselée, époque Louis XV.
46 — Un serre-papier en bronze, lézard et fruits.
47 — Un casse-noisettes, figurine en bois sculpté, époque Louis XV.
48 — Miniature de Charlier, Vénus et l'Amour, avec cadre or et argent.
49 — Un émail, sujet genre Boucher, garniture or et argent.

50 — Une bague en jade, ornée de trois grenats.
51 — Une montre en or, entourée de diamants.
52 — Une bonbonnière en cristal de roche.
53 — Une naïade couchée, le bras droit appuyé sur une urne, avec socle en marbre orné de bas-reliefs en bronze doré représentant des jeux d'enfants.
54 — Catherine, impératrice de Russie, médaillon en terre cuite par Nini.
55 — Une terre cuite, groupe caricature, chasteté de Joseph, par Desbordes.
56 — Par le même, un pauvre, terre cuite.
57 — Un modèle de vase en terre cuite.
58 — Un enfant endormi, terre cuite par Puget.
59 — Un masque d'ange en terre cuite du XVIe siècle.
60 — Quatre vases en terre, antiques, romains.
61 — Trois pièces faïence.
62 — Une molette en ivoire.

ARMES.

63 — Une épée écossaise, dite claymore.
64 — Une épée italienne.
65 — Une épée allemande.
66 — Un couteau de chasse, poignée en acier.
67 — Une dague à coquille de fer.
68 — Une masse d'arme à piques.
69 — Un fléau en fer.
70 — Deux poignards.
71 — Un petit yatagan, fourreau d'argent.
72 — Une épée d'exécution.

MEUBLES, PENDULES, FEUX, ETC.

73 — Un guéridon chinois en bois incrusté, à figures et ornements, monté sur pied à jour et sculpté.

74 — Un meuble Louis XIII, à couronnement, deux corps et double ventaux en bois sculpté, riche d'ornements et de mascarons.

75 — Un meuble style renaissance sans couronnement, même genre que le précédent.

76 — Une crédence en bois sculpté, ornée de pendentifs.

77 — Un meuble Louis XV, composé de 4 fauteuils et 1 canapé couverts en tapisserie.

78 — Huit fauteuils et 1 canapé Louis XV, couverts en tapisseries de Beauvais, à sujets, fleurs et ornements.

79 — Quatre tapisseries de Beauvais, sujets pastoraux.

80 — Une console Louis XV en bois sculpté, avec marbre jaune fleuri.

81 — Une console en bois doré et sculpté, même époque, sans marbre.

82 — Un cabinet en marqueterie de bois ; à l'intérieur, tiroirs pouvant servir de médailliers.

83 — Une pendule Louis XVI en biscuit de porcelaine, avec figures mythologiques.

84 — Un régulateur Louis XIII en bois noir avec marqueterie de cuivre et d'acier, très bon mouvement.

85 — Une pendule et son socle en marqueterie d'écaille et de cuivre, ornement rocaille.

86 — Une autre sans socle en marquetterie de Boule.
87 — Un petit cartel en marquetterie de Boule.
88 — Deux feux Louis XVI en cuivre doré, à vases et guirlandes de laurier.
89 — Deux feux plus petits que les précédents.
90 — Un col de buire en bronze doré.
91 — Une jardinière en bois de rose, ornée de bronzes et de plaques en porcelaine.
92 — Une étagère en bois de rose avec bois incrusté et médaillon, paysage avec figures.
93 — Un petit coffret en laque incrusté de burgau.
94 — Un secrétaire Louis XVI en bois de rose, avec ornements et sujets en marqueterie de bois.
95 — Une commode Louis XVI, même genre que le précédent meuble.
96 — Une commode Louis XV en bois de rose, incrustée de bois quadrillé.
97 — Une tenture en cuir de Cordoue, composée de 23 lés à 3 feuilles.

PORCELAINES

98 — Une corbeille découpée à jour, contenant des fleurs détachées, le tout en porcelaine décorée.
99 — Une jardinière en porcelaine, à médaillons d'amour et guirlandes de fleurs, montée sur terrasse à jour en bois sculpté.
100 — Deux groupes en porcelaine, petits villageois donnant à manger à des poules et à des canards.

101 — Deux petits vases en biscuit de Wedgwood.
102 — Une statuette de jeune fille en biscuit de porcelaine anglaise.
103 — Un groupe de figures en biscuit de Sèvres.
104 — Un vase en celadon rouge, ancienne monture Louis XVI en bronze doré (fracturé).
105 — Six plats en céladon gaufré, vert d'eau.
106 — Deux groupes de mandarins sculptés en pierre de lard.
107 — Mandarin entouré d'enfants, groupe en bois, travail chinois.
108 — Une théière en bocaro.
109 — Un socle chinois en bois de fer.
110 — Un microscope à cylindre en maroquin fleurdelisé or, ayant appartenu à Louis XVI.

LIVRES

111 — Histoire d'Angleterre, par M. de Larrey, 4 vol. grand in-4º. Rotterdam 1707, chez Reinier.
112 — L'Italie illustrée, 135 planches in-folio. Leyde, 1757, Haak, avec texte italien, français et latin.
113 — Les peintures de Pellegrino Tibaldi et de Nicolo Abbati qui décorent l'institut de Bologne, décrites et gravées par Giam.-Pietro Zanetti. Un volume in-folio, Venise 1756.
114 — Storia del duomo di Orvieto, dédiée au pape Pie VI; un vol. in-4º. Rome, Lazzarini 1761.

115 — Un volume illustré, grand in-folio, représentant l'église d'Orvieto et les sculptures et tableaux qui la décorent.

116 — Description exacte des principales curiosités naturelles du magnifique cabinet d'Albert Seba, 4 volumes in-folio avec planches coloriées. Amsterdam, J. Wetstenium et Gul. Smith, 1734.

117 — La tour de Lansdowe, London, 1844, un vol. in-folio.

117 bis Plusieurs belles dentelles, points d'Alençon, d'Angleterre et de Venise.

DÉSIGNATION

DES TABLEAUX

École Française

BOILLY.

118 — Le Retour. Charmante composition de huit figures.

BOUCHER (François).

119 — Deux scènes pastorales, du plus beau faire de cet habile artiste. Camaïeux roses.

CHARDIN (d'après).

120 — Le Bénedicité.

COSTR-VALAYER.

121 — Vase contenant des fleurs.

DAVID (Louis).

122 — Portrait du conventionnel Couthon. Dessin.

DEMARNE.

123 — Soldats attablés à la porte d'une auberge.

C. DUBREUIL.

124 — Bâtiment de guerre battu par l'orage.

FRAGONARD (Théophile).

125 — Le Concert.   Grisaille.

GREUZE.

126 — Jeune fille tenant des fleurs.   Pastel.

GRANET.

127 — La Tentation de saint Antoine.
128 — Une scène de la vie de Michel-Ange.

Mlle GÉRARD (signé).

129 — Scène ayant trait à la réaction royaliste dans le midi, en 1816.

HUBERT (Robert).

130 — Une place publique de Rome. **Effet de lumière.**
131 — Pendant du précédent.
132 — Ruines d'une ancienne voûte sous lesquelles sont des pâtres.

LANCRET.

133 — Scène galante.

LANTARA.

134 — Paysage. Effet de lune.

VAN LOO CARLE (Attribué à et signé).

135 — Halte de chasse.

VANLOO (César).

136 — Paysage avec rivière dominé par un pont conduisant à une citadelle.

137 — Paysage avec ruines d'un vieux château.

VANLOO (Genre de).

138 — Enfants jouant avec une chèvre.

MONNOYER (Baptiste).

139 — Guirlande de fleurs ayant à son centre le portrait en pied de saint Bertin.

140 — Pendant du précédent, au centre saint Winoc.

Ces deux tableaux proviennent de l'abbaye de Saint-Winoc de Bergues

PIERRE PATEL dit le Bon (Signé 1703).

141 — Paysage boisé; à droite s'élèvent les ruines d'un temple antique; au centre sont les figures de Zéphir et de Flore couronnés par le printemps.

PIERRE PATEL.

142 — Paysage, pendant du précédent.

PRUD'HON (Attribué à).

143 — L'Hiver.
144 — L'Été.

RAOUX.

145 — La Cruche cassée.

WATTEAU (Antoine).

146 — Deux figures, homme et femme.   Dessin.

Écoles Flamande, Hollandaise & Allemande

ANTONISSEN.

147 — Paysage et animaux.

BREUGHEL (de Velours).

148 — Rivière serpentant au milieu d'un village; sur la gauche sont des chariots attelés des villageois et des cavaliers.

BREYDEL (le Chevalier).

149 — Marche d'un convoi militaire.

ELZHEIMER.

150 Paysage avec sujet de Tobie et l'Ange.

VAN HARLEM.

151 — Oiseau de proie s'abattant au milieu de volailles
152 — Paon, fruits et fleurs.

JAN VAN HUYSUM (Attribué à et signé).

153 — Belles fleurs dans un vase.

KRUSMANN.

154 — Jeune Napolitaine.   Dessin.

LINGELBACH (Jean).

155 — Ville italienne prise d'assaut : sur le devant est une mêlée de combattants; à gauche une tour formant l'entrée d'un port : en rade deux vaisseaux lâchant leurs bordées. Tableau capital du plus beau faire du maître.

MAAS.

156 — Portrait d'un jeune seigneur costumé en chasseur.

MICHAUD.

157 — Paysage avec animaux gardés par un pâtre causant avec une villageoise occupée à couper des herbages.

MIÉRIS (Guillaume).

158 — Diane découvrant la grossesse de Calisto.

MOUCHERON (genre de).

159 — Paysage dominé par un pont sous lequel des femme lavent du linge.

NEER (Adrien van der).

160 — Village hollandais, au centre duquel est un canal glacé, avec patineurs et traîneaux.

NETSCHER (Constantin).

161 — Dame de qualité tenant à la main un bouquet de roses.

POELENBURG.

162 — La fuite en Égypte.

SADELER (Giles).

163 — Intérieur de la bourse de Prague.

SCHALCKEN (Godefroy).

164 — Jeune homme considérant une statue à la lueur d'une bougie qu'il tient à la main.

TENIERS (David, le fils).

165 — Village flamand : à droite est une hôtellerie à la porte de laquelle sont des buveurs attablés causant avec le maître.

WITHOOS (signé).

166 — Fleurs et plantes près desquelles sont deux lézards.

École Italienne

BELLA STEFANINO.

167 — Départ de Jacob pour l'Égypte.

GIORDANO LUCA.

168 — Sur le bord du Jourdain, la fille de Pharaon reçoit le petit Moïse sauvé par ses femmes.

GUERCINO.

169 — Un sacrifice. Dessin à la plume.

LANFRANC.

170 — Le repentir de saint Pierre.

MARIESCHI.

171 — Une place publique de Venise.

PALME LE VIEUX.

172 — Jupiter et Antiope.

PHILIPPE NAPOLITAIN.

173 — Batterie de brèche foudroyant une place forte : au premier plan, soldats et officiers se disposent à marcher à l'assaut.

RICCI (signé).

174 — Paysage traversé par une rivière : à l'horizon les édifices d'une grande cité.

175 — Sous ce numéro les tableaux non catalogués

NAULDE et RENOU, Imprimeurs de la Compagnie des Commissaires-Priseurs
rue de Rivoli 144   11,090

www.ingramcontent.com/pod-product-compliance
Lightning Source LLC
Chambersburg PA
CBHW050041230526
45470CB00003B/1379